LES RELIQUES

DE

SAINT FULCRAN DE LODÈVE.

Lodève, Typ. de L. Grillières.

LES RELIQUES

DE

S. FULCRAN

DE

LODÈVE

ÉTUDE HISTORIQUE ET ARCHÉOLOGIQUE

Par l'abbé H. REYNIS.

LODÈVE

TYPOGRAPHIE L. GRILLIÈRES

1861

A MONSIEUR

H. Beaupillier,

Curé-Archiprêtre

DE SAINT FULCRAN

La vie de Saint Fulcran, évêque de Lodève, a été racontée plusieurs fois, avec un charme naïf et pur qui a laissé dans nos âmes de douces émotions et de pieux souvenirs; mais l'histoire de ses reliques, ce précieux et cher trésor de notre cité, n'a jamais été donnée par aucun des auteurs éminents qui ont écrit de ce grand pontife. Nous n'avons d'eux, sur ce sujet intéressant, que quelques lignes, et le peu qu'ils nous ont dit n'a fait qu'exciter vivement notre légitime curiosité. Le nombre si restreint des documents originaux échappés aux orages qui détruisirent nos archives leur a paru insuffisant, sans doute, pour aborder convenablement ce travail; mais, dussé-je être téméraire, je le tenterai moi-même, et, sans avoir leur talent, j'aurai, du moins, plus de courage. On se sent fort quand on aime, et j'aime de tout mon cœur le culte populaire et sacré des saintes reliques de celui qui fut le bienfaiteur et le père de nos aïeux. Enfant adoptif de cette noble cité de Lodève, où j'ai trouvé des sympathies qui me demeureront chères, j'aime Fulcran avec la tendresse d'un fils, et je dépose, devant ses restes vénérables, ces quelques pages, comme un hommage de mon dévoûment et de mon amour.

Je donne à mon travail le titre d'*Etude*

historique et archéologique, c'est assez
dire que j'ai consulté consciencieusement
les vieux manuscrits et les vieux monu-
ments; je n'avancerai rien qui ne soit
appuyé sur des preuves incontestables,
et même, afin de sauvegarder contre de
nouvelles dévastations les débris du passé,
je les reproduirai *intégralement* dans cet
opuscule. Seulement, comme ils ont écrits,
quelquefois, dans cette vieille langue la-
tine que le peuple n'entend pas, je les
traduirai *littéralement*. Ne faut-il pas que
personne ne puisse ignorer les actes authentiques de ce culte aimé?

Je dédie cette étude à M. Hippolyte
Beaupillier, curé-archiprêtre de Saint-
Fulcran, mon modèle et mon père; c'est
là un besoin de mon cœur. Mais s'il est
permis à la pensée et au sentiment de
saisir des ressemblances entre ceux qui
nous ont précédés et ceux qui vivent
encore; si la vertu, quoique sous des

traits divers, porte toujours cet air de famille qui la fait reconnaître, les convenances, toutefois, doivent être gardées, et le respect, en ce moment, doit me fermer la bouche.

Je l'offre au peuple chrétien de l'ancien diocèse de Lodève, et surtout aux habitants de l'antique cité. Puissent-ils accueillir, avec bienveillance, cet hommage consacré à celui qui, toujours pontife, bénit, du haut du ciel, ceux dont, sur la terre, il bénissait les ancêtres avec tant d'amour.

L'abbé REYNIS.

LA GLORIFICATION.

I

LA GLORIFICATION.

> Cœcos pande sinus, terra; nimis diù
> Demersos tenebris invida detines
> Fulcranni cineres; crédita pignora
> Tandem redde petentibus.
>
> Terre, ouvre ton sein ténébreux; c'est
> trop longtemps nous cacher le chères dé-
> pouilles de Fulcran; rends nous enfin le
> précieux dépôt qui t'a été confié.
>
> (*Hymne de la translation des reliques*).

Ce fut dans le mois de février de l'an 1006
que le corps vénérable de St-Fulcran fut confié,

par son peuple désolé, au sépulcre qu'il avait destiné lui-même à sa sépulture et à celle de ses successeurs. Après que sa dépouille eut reçu les douloureux hommages des habitants de la cité, elle fut placée dans le caveau de la chapelle St-Michel. (1)

C'est là que, pendant près de deux siècles, —

(1) On sait que quelques jours avant sa mort, le pieux pontife avait voulu bénir lui-même son tombeau. Il se fit transporter dans cette chapelle, qu'il aimait et qu'il devait doter par son testament, pour implorer les bénédictions du ciel sur le lieu qui allait être son dernier asile. C'est là une scène unique peut-être dans l'histoire des saints. — (Voir Mgr de Bousquet, vie de St-Fulcran. — Loubeau. — Testament de St-Fulcran, aux archives.)

Ce caveau existe encore. Les évêques de Lodève y ont dormi paisiblement leur dernier sommeil, jusqu'à la grande révolution, qui ne respecta pas même les tombeaux. Aujourd'hui, il sert d'asile aux ossements de Mgr de Souillac et de Mgr de Fumel, qu'une piété reconnaissante y déposa, et au corps de M. Jean-Pierre Fulcran Beaupillier, curé-archiprêtre. La chapelle qui le renferme va être très-prochainement restaurée par les soins de M. Hippolyte Beaupillier, curé-archiprêtre, qui a déjà tant fait pour l'embellissement de la vieille cathédrale, et elle recevra, ainsi, une décoration digne des grands souvenirs qui s'y rattachent.

de 1006 à 1198 — fut renfermé le corps du saint; c'est là que devait commencer à se réaliser pour lui la belle parole de l'écriture : *non dabis sanctum tuum videre corruptionem;* et, comme celui de Jésus-Christ, ce tombeau devint bientôt glorieux, à cause des miracles éclatants qui s'y produisirent.

Les actes de ces miracles ne nous sont point parvenus; mais le peuple, qui n'a pas besoin de consigner par écrit le souvenir des bienfaits qu'il reçoit, le confia à la mémoire de son cœur. Le récit de ces merveilles réjouissait ses veillées; les mères les transmettaient à leurs enfants, et, au fond de sa tombe entourée d'honneur, Fulcran demeurait le père, le bienfaiteur et le *saint* de ceux qu'il avait tant aimés.

Du reste, le ciel se plût à mêler sa voix aux voix qui disaient ces prodiges, car, d'après la légende (1), une révélation divine, ainsi que

---

(1) Postquam autem ejus corpus sacrum, annis circiter centum sub terra jacuisset, indè fuit revelatione divinâ clero populo que factà eductum....

(Chronologia præsulum Lodovensium. — Plantavit de la Pauze. — Légende du Bréviaire.)

pour St-Etienne, premier martyr, fit connaître
au clergé et au peuple que le corps du vénérable pontife devait être levé de terre, pour
recevoir des témoignages plus solennels de vénération et d'amour.

Cette élévation eut lieu en 1198; une foule
immense était accourue de tous les points du
diocèse pour assister à cette imposante cérémonie. Pierre Froitier, évêque de Lodève (1),
assisté de Réginald, évêque de Béziers; de
Séditius, évêque d'Agde, et de Pierre, abbé
de St-Sauveur, avait voulu la présider lui-même,
et, quand la pierre qui recouvrait le tombeau
eut été soulevée, un cri d'admiration se fit
entendre; toute la foule se précipita à genoux,
et le riche trésor que le sépulcre avait gardé
si longtemps apparut à tous les regards. La mort
avait respecté cet élu de Dieu, et la terrible

(1) Pierre **III** Froitier fut évêque de Lodève de 1198 à
1207. Défenseur intrépide des droits sacrés de l'église qu'il
gouvernait, il succomba sous le poignard de quelques assas-
sins; mais sa mort fut un deuil public, et aussitôt que la
cruelle nouvelle en fut connue dans le diocèse, on entendit
ce cri, qui est un magnifique éloge : le père de la patrie
n'est plus!... (Plantavit de la Pauze — Chronol. præs. Lodov.

influence de la tombe n'avait rien pu sur sa dépouille. Elle était entièrement conservée, comme vivante, n'ayant aucune trace de corruption. La peau, la chair, les os, les ongles même des pieds et des mains étaient encore dans toute leur intégrité (1). Une odeur suave s'en échappait et embaumait toute l'église (2). Dieu manifestait ainsi la sainteté de son serviteur. Dès lors, ce n'était plus un tombeau mais un autel qu'il fallait à Fulcran, et la multitude le réclamait pour lui à grands cris. Les prélats placèrent le vénérable corps dans une châsse magnifique, et le portèrent, au milieu

(1) Repertumque fuit integrum, illæsum, vividum et omninò incorruptum. — Chronol. — Omnibus et singulis partibus et artubus, in pelle, carne, ossibus et unguibus manuum et pedum... — Légende du Bréviaire.

(2) Cette odeur exquise s'échappe encore des saintes reliques après plus de 800 ans. Quand on fait l'ouverture de la *confession de St-Fulcran*, elle se répand dans la chapelle qui en demeure tout embaumée ; la même odeur est attachée aussi aux fragments du saint corps qui sont chez quelques particuliers, et c'est là un des signes les plus frappants de leur authenticité. Ce gracieux et suave phénomène n'a rien qui puisse nous étonner ; le Seigneur, qui donne aux fleurs leurs parfums, peut bien aussi en entourer la cendre des saints, ces fleurs de l'humanité.

2

d'une pompe triomphale, dans une chapelle de
la cathédrale, richement ornée pour le recevoir. (1)

Le souvenir de cette translation du corps
de St-Fulcran est consacré par une fête magnifique, célébrée encore le dimanche qui pré-
cède l'Ascension. Les populations accourent en
grand nombre pour vénérer, ce jour-là, les reliques de leur saint patron, et pour lui confier
leurs souffrances, leurs douleurs et leurs peines.
Une procession solennelle, dans les rangs de

_____

(1) Cette chapelle, située au bas de l'église, entre la
grande porte d'entrée et la chapelle du Sacré-Cœur, est
d'une riche architecture. Jean V de Corguilleray, évêque de
Lodève, — 1462 à 1488 — la fit agrandir et il la restaura
magnifiquement. Dans le sanctuaire, du côté de l'épître,
se trouve la Confession de St-Fulcran, c'est-à-dire, le lieu
où sont renfermées les saintes reliques. Un peu au-dessous,
dans la petite nef de la chapelle, se trouve l'autel dédié
à St-Eutrope, et sur lequel on expose les reliques le jour
de la fête.

La belle fenêtre flamboyante de cette chapelle a été ornée
depuis peu d'un magnifique vitrail, représentant St-Fulcran
guérissant les pestiférés. On a récemment décoré la voûte
et les murailles de peintures dont les sujets sont empruntés
à l'histoire du Saint.

laquelle se confondent les pèlerins de tout âge, de toute condition, de tous pays, fait le tour de la ville et forme comme un triomphe aux restes vénérés du protecteur de la cité. Les magistrats tenaient à honneur, autrefois, de faire partie du pieux cortége; on regrette vivement qu'ils n'y paraissent plus depuis quelques années. Mais l'immense concours des fidèles qui viennent poser leurs lèvres sur les saintes reliques prouve que Fulcran demeure toujours l'ami et le bienfaiteur de son peuple, et que si son culte antique a perdu ce caractère officiel des vieux jours, il n'en est pas moins, aujourd'hui comme autrefois, le culte populaire et sacré de ceux qui savent demeurer fidèles aux grandes et religieuses traditions des ancêtres.

Pendant cinq siècles, — de 1198 à 1573 — le nombre des pèlerins ne diminua point auprès du saint corps, et l'on fut obligé de l'entourer d'une forte grille en fer pour le protéger contre les pieuses exigences de leur amour.

« Aux fêtes solennelles, lisons-nous dans

le registre des pères Récollets de Lodève (1),
on avait accoutumé d'asseoir le saint corps sur
le maître-autel, revêtu de ses habits pontificaux, avec sa main levée pour donner la bénédiction au peuple et aux étrangers qui accou-
raient de toute part pour admirer ce miracle
continuel. » (2)

Parmi les nombreux prodiges qui récompen-

(1) Ce registre, dont la lecture offre un grand intérêt,
est un précieux débris de nos anciennes archives diocésaines.
Il fut déposé à l'hôpital avec tous les autres documents
qu'on put soustraire au vandalisme révolutionnaire. On nous
menace, maintenant, de nous ravir ces vieux témoins de notre
histoire, pour les placer dans les archives de Montpellier ;
mais nous espérons que nos réclamations seront entendues
de M. le ministre de l'instruction publique, et que nous ne
serons point dépouillés de ce qu'à bon droit nous regardons
comme un bien sacré.

(2) Voir Mgr de Bousquet, qui relate ce fait. — La légende
populaire le mentionne également et notre lithurgie le con-
sacre par ces beaux vers :

> Servat dextra Dei, polliciti memor
> Dulces exuvias : dente nec improbo
> Lœdet dira lues, nec penetrabili
> Rodet tempus edax situ.

saient, à cette époque, la foi et la piété des
peuples et des étrangers, il en est deux, des
plus frappants, et dont les procès-verbaux nous
sont parvenus. On faisait brûler devant la châsse
du Saint de gros cierges qu'on pesait exacte-
ment avant de les allumer, et ces cierges, pesés
de nouveau après la fête, avaient encore le même poids, et souvent même ils avaient quelques
livres de plus. Quelqu'extraordinaire que puisse
paraître ce fait, il nous est garanti par des témoins irrécusables ; nous donnons ici la traduc-
tion littérale de deux procès-verbaux qui le
constatent. Le premier est daté de 1475, le
second de 1495.

« L'an du Seigneur mil quatre cent soixante
et quinze, le très-illustre prince, Louis, roi
des Français, régnant, (1) le vingt-six avril,
étant présents, le Seigneur Jean, évêque de
Lodève ; (2) Guillaume Barral, archidiacre ;
Raymond Peyrottes, archiprêtre; Alzrasius et
Grimoard Maurel, chanoines de Lodève ; furent

(1) Louis **XI**

(2) Jean **V** de Corguilleray.

pesées, devant la châsse de St-Fulcran, les torches de cire neuve offertes au Saint; leur poids a été trouvé de quarante livres. Le lendemain de la fête du Saint, elles ont été pesées de nouveau, selon l'usage, et, après avoir brûlé, leur poids a été trouvé cependant de quarante-deux livres. Et de cela le seigneur évêque a demandé qu'il fût dressé procès-verbal. Les témoins de ce fait ont été : noble Arnaud de Bosène, Jean Trinquier, Pierre Rousset, Guiraud de la Treille, Jean Lucien, négociant de Lodève, et plusieurs autres, ainsi que moi, Etienne Coussergues, notaire public, par l'autorité apostolique, et l'autorité épiscopale du seigneur évêque de Lodève.... » (1)

« L'an de l'Incarnation de Notre-Seigneur mil quatre cent quatre-vingt-quinze, et le jour de la fête du bienheureux Fulcran, célébrée le jeudi 21 mai, le matin après Matines, dans

(1) Ce procès-verbal a été extrait de l'original reçu par Me Jean Mauryn, avocat de la cour ordinaire de Lodève, et duement collationné par Jacques Brun, notaire royal dudit Lodève, le 10 février 1583. Jean Mauryn, signé à l'original. J. Brun, signé pour l'extrait. — Archives de la paroisse.

l'église cathédrale de Lodève, la mémoire du glorieux Saint ayant été faite devant la châsse, étant présents les chanoines et les bénéficiers de ladite église, les magistrats de Lodève et plusieurs autres personnes, par moi Alexis Cangel, prêtre bénéficier de ladite église, ont été pesées les torches offertes par la Confrérie du saint et glorieux Fulcran, au nombre de quatre; leur poids a été trouvé de deux quin- taux et vingt-neuf livres romaines. Elles ont été allumées aussitôt et portées pendant la procession et pendant la bénédiction du pain de charité ou d'aumône que l'on distribue en ce jour; ensuite, lesdites torches ont brûlé pen- dant tout le temps de la procession générale qui se fait au jour de la fête et qui parcourt la ville dans toute sa longueur; elles ont brûlé aussi pendant la grand'messe que l'on célèbre dans ladite église après la procession et le lendemain de la fête de St-Fulcran, le 22 mai, pendant la grand'messe de mort, chantée pour le repos de l'âme des confrères décédés, jus- qu'après l'absoute. Cette messe terminée, les quatre torches ont été pesées de nouveau de- vant la châsse de St-Fulcran, étant présents les chanoines et les bénéficiers de l'église, les

magistrats et beaucoup d'autres personnes tant
de Lodève que du dehors, par le même Alexis
Cangel, avec la même balance, et leur poids
a été trouvé de deux quintaux et trente livres ;
et ainsi, Dieu le permettant, par l'intercession
dudit St-Fulcran, ce poids a été augmenté d'une
livre tournois. Ensuite on a rendu grâces à
Dieu de ce miracle. » (1)

(1) **Archives de la paroisse.**

LE MARTYRE.

II

LE MARTYRE

Vivens confessor, mortuus martyr.

Il fut confesseur pendant sa vie, et martyr après sa mort.

(Légende.)

Addunt probra decus; si cupido tibi
Vivo martyrii non data gloria,
Stas post funera martyr
Et Christo cadis hostia.

Les opprobres deviennent, pour vous, un triomphe, car si, malgré vos désirs, vous n'avez pu, pendant votre vie, obtenir la gloire du martyre, après votre mort, vous êtes martyr et victime de Jésus-Christ.

(Hymne de la fête de St-Fulcran.)

Les honneurs magnifiques dont le corps de Fulcran était entouré depuis plus de six

siècles devaient lui être ravis; la Providence, qui avait donné à notre illustre protecteur tous les genres de gloire, ne voulut pas le priver du martyre, et sa chère dépouille allait encore avoir cette illustration nouvelle d'être indignement traitée par les méchants.

Le 4 juillet 1573 (1) fut un jour cruel pour Lodève; les perfides disciples de Calvin, qui en avaient fait le siége une première fois, mais qui avaient été repoussés grâce au courage héroïque de l'évêque Claude de Brissonnet, (2)

---

(1) Voir Plantavit de la Pauze, — Mgr. de Bousquet, — Loubeau, et Bec, le dernier historien du Saint, je devrais dire son aimable et éloquent panégyriste. — Registre des archives des PP. Récollets. — Histoire du Languedoc.

(2) Claude de Brissonnet, neveu et petit neveu de Michel, de Guillaume et de Denis de Brissonnet, tous trois évêques de Lodève, est l'un des plus grands hommes dont notre cité puisse s'enorgueillir. La reconnaissance de nos pères avait fait graver ses titres à l'admiration de la postérité sur une table de marbre, qui n'a pu être retrouvée. Aussi grand citoyen que grand évêque, il força une première fois les hérétiques à lever le siége de la ville. Vaincu en 1573 malgré les efforts d'une bravoure surhumaine, il put s'échapper à demi-nu et se réfugier à St-Etienne-de-Gourgas, où il mourut trois ans après, instituant les pauvres ses

s'en étaient enfin emparés par trahison. Le
palais épiscopal et les maisons des chanoines

héritiers. Sa vie et sa mort, si dignes d'un grand pontife,
devraient, ce semble, assurer à sa mémoire le respect et la
vénération ; il s'est trouvé cependant un archéologue et un
compilateur qui se sont faits, après trois siècles, les bourreaux
de cette illustre renommée et l'ont clouée au pilori ; d'après
eux, ce noble défenseur de la cité ne serait qu'un assassin.
Voici ce qu'a écrit le premier : « En 1567, lorsque les
succès de Joyeuse en Languedoc eurent enhardi les catholiques, Brissonnet fit enfermer 43 protestants dans son palais,
et les fit ensuite massacrer, un dimanche, à l'heure de vêpres. » Et le second, qui n'est pas moins violent : « L'année
suivante, un dimanche, à l'heure de vêpres, Brissonnet fit
égorger 43 religionnaires. Cette cruauté inouïe ne tarda
pas à être vengée par les protestants. » Devant une telle
accusation, si formelle, si précise, si dure, j'ai senti l'indi-
gnation déborder de mon cœur, et j'ai fouillé d'une main
avide tous les auteurs contemporains pour trouver la preuve
d'une telle infâmie. Comme je m'y attendais, je n'ai rien
découvert de pareil ; seulement, dans l'histoire du Languedoc,
par Don Vaissette, j'ai lu ces lignes que chacun appré-
ciera : « Les historiens protestants, — Mémoires de Gaches,
— Anonyme de Montpellier, — remarquent que le vi-
comte de Joyeuse ordonna aux catholiques d'user de re-
présailles et de s'assurer des protestants, dans les villes où
ils étaient les plus forts. Ils ajoutent que, sur cet ordre,
Claude Brissonnet, évêque de Lodève, ayant fait enfermer
dans son palais 43 religionnaires, tant vieux que jeunes, il

furent pillés et presqu'entièrement détruits ;
la cathédrale, les autres églises de la cité, et
tous les édifices religieux, après avoir été pro-
fanés, furent ravagés par le fer et le feu ;
tous les vases sacrés livrés à des usages sacriléges ; les vierges et les femmes déshonorées
et flétries ; les prêtres et les notables de la
ville torturés et assassinés. Et cette fureur
épouvantable qui ne respectait rien ne devait
pas faire grâce aux reliques sacrées des saints ;
elles furent donc traînées dans la boue, et ces
misérables égorgeurs s'attaquèrent surtout au
corps vénérable de St-Fulcran, dont la parfai-

les fit ensuite massacrer impitoyablement, un dimanche, à
l'heure de vêpres, **Livre XXXIX.** »

A cela, je n'ajouterai qu'une simple observation. Aucun
historien catholique ne rapporte ce fait, aucun n'y fait al-
lusion, et il n'y a que les *protestants* qui l'ont accepté. Or,
les chroniqueurs de l'époque, si exacts, si minutieux, qui
ont enregistré d'autres faits aussi barbares, n'auraient pas
manqué de mentionner celui-là s'il eût été constant. Donc,
de leur silence et jusqu'à preuves certaines, je conclus que
cette accusation est une calomnie inventée par les protestants, et indigne de fixer un instant l'attention d'un catholique,
et d'une main respectueuse je replace sur son piédestal le
grand homme et le grand citoyen, le défenseur de Lodève,
l'un de nos plus illustres pontifes.

te conservation excita particulièrement leur rage. (1) « Pareils à des loups carnassiers, ou à des oiseaux funestes de nuit, ces infortunés hérétiques, ne pouvant souffrir l'état d'un tel et si grand miracle, à la gloire de l'église catholique, apostolique et romaine, résolurent de le détruire. L'impie et scélérat Rolland de Faugères, seigneur de Lunas, comme le chef de toute cette armée de huguenots, commanda que ce corps saint et digne de toute sorte de vénération fut traîné ignominieusement dans toute la ville (2) comme s'il eût été vi-'

(1) L'intégrité du corps de Saint Fulcran était si bien reconnue, qu'elle était passée en proverbe, et l'on disait, en parlant d'un homme vivant : *il est en chair et en os comme St-Fulcran de Lodève.* — Plantavit. — Mgr de Bousquet. — Mémoires.

(2) Le nom du misérable qui attacha la corde au corps du saint et qui le traîna dans les rues de la ville a été conservé; il s'appelait Louis Gale dit le petit Louis. C'était un maître chapelier de la ville de Béziers. — Mgr de Bousquet, etc., etc.

Non parcit fera gens, sacrilega manu
Præsul per medias protrahitur vias :
Artus turba colendos
Indignis lacerat modis.

. (*Hymne de la Translation.*)

vant, durant laquelle action tragique, mer-
veille inouïe, nous avons appris, de ceux même
qui l'ont vu, que ce corps saint se leva tout
droit, à quatre reprises différentes, pour donner à connaître à ceux qui se moquaient de
lui, en ces propres termes : *Fulcran fais des
miracles!* que Dieu voulait les éclairer et leur
ouvrir les yeux pour admirer ses merveilles
et se ranger du parti des saints. Puisqu'on remarqua que, nonobstant le susdit attentat, ce
saint corps ne fut pas, non-seulement défiguré
•en aucune manière en sa face vénérable, voire
même, il n'y eut aucune autre partie dudit
corps qui fût tant soit peu terni ni reçu le
moindre déchet, ce qui obligea ces infâmes à
dresser un grand bûcher, tout joignant l'église
cathédrale, et le jeter dedans, pour y être
consumé. D'où néanmoins, ayant été tiré aussi
entier qu'il était auparavant, sans même le
déchet d'un seul poil, ô barbarie inouïe! ces
infâmes, à qui le libertinage de leur maudite
secte inspirait tant de funestes attentats, leur
inspira celui dont nous allons faire la description, puisque nous avons appris des témoins
oculaires que ce saint corps n'ayant pu être
détruit, pour avoir été traîné par toute la

ville, ni moins pour avoir demeuré l'espace
d'un demi-jour dans un grand feu; ô cruauté
sans pareille! ô aveuglement inouï de ces misérables! nous savons qu'il fut porté à la boucherie commune, pour y être (comme il fut)
mis en plusieurs pièces, et ensuite distribué
comme de chair à manger; d'où s'ensuivit que
certains bons catholiques, dont les forces étaient
beaucoup moindres que leur zèle, feignant
d'être huguenots, se portèrent en ladite boucherie pour y acheter quelques pièces de ce
corps saint, que j'ai eu la consolation et l'honneur de voir et de baiser. » (1)

(1) Registre des archives des PP. Récollets.
Multa mala perpetrarunt, non obstantibus prodigiosis mi-
raculis sancti Fulcranni, cujus corpus integrum et incorruptum, hi scelerati per plateas et vicos civitatis fune traxe-
runt, et posteà in macello publico carnes ejus, tanquam
carnes bovinas impiè vendiderunt; undè factum est ut plu-
rimæ particulæ reliquiarum ejus conservatæ fuerint, emptæ
à personis devotis et catholicis, contrà eorum malam in-
tentionem, qui eas omninò disperdere cupiebant.. — Chronologie des abbés de St-Guilhem-le-Désert.
J'ai extrait ce passage du précieux manuscrit, que mon
honorable ami, M. Pons, juge de paix à Lodève, a bien
voulu me communiquer. Ce manuscrit renferme des mémoires pour servir à l'histoire de la ville royale de Gignac et

On frémit d'horreur en lisant ces lignes, et l'on se demande si ce sont des hommes qui ont pu commettre de tels excès ; et pourtant le chroniqueur n'a pas tout dit, car la légende populaire, appuyée d'ailleurs sur d'incontestables preuves, raconte qu'avant de précipiter le saint corps dans le bûcher les huguenots l'attachèrent à une croix, (1) comme le divin maître ; puis, ils le pendirent à un ratelier et là, ils essayaient de le percer, en se servant de leurs arquebuses, de leurs piques et de leurs épées.

Et quand ils se furent lassés à torturer, et — qu'on me passe le mot — à déchiqueter le saint corps, le démon leur inspira la funeste

de ses environs. Je dois à M. Pons un remercîment tout particulier pour le vif plaisir que j'ai éprouvé en lisant cet ouvrage intéressant.

(1) **Voir Mgr de Bousquet.**
Cette croix était à la place St-Pierre ; elle n'existe plus depuis lontemps. Cependant nous possédons une pierre sculptée, très ancienne, que les traditions populaires prétendent en être un des croisillons.

pensée d'anéantir entièrement les fragments
qui restaient et ils allèrent les précipiter dans
la rivière, ravissant ainsi à Lodève son plus
riche trésor (1).

La justice de Dieu ne tarda pas à venger
son illustre serviteur, et il est juste de placer,
à la suite du martyre du Saint, la punition
qui fut infligée au baron de Faugères, l'insti-
gateur de toutes ces atrocités. Je laisse encore
la parole au chroniqueur (2).

« Deux années après cet attentat sacrilége,
le bon peuple de Lodève commença à respirer,
et il résolut courageusement de venger la que-

(1) **Voir Mgr de Bousquet, — Plantavit de la Pauze, —.
Loubeau, — Bec, — Registre des PP. Récollets.**
Le souvenir de la prise de la ville et des atrocités commises par les hérétiques ne s'est pas encore perdu. Tous
les ans, le 4 juillet, une procession solennelle d'expiation
parcourait les rues de la cité, et cet usage pieux n'a été
aboli qu'à la venue de la grande révolution. Mais maintenant encore, à pareil jour, on chante dans l'église Saint
Fulcran une grand'messe, pour réparer les injures faites à
Dieu, en ce jour malheureux, et pour conjurer le ciel d'é-
pargner désormais une telle douleur à Lodève.

(2) **Registre des PP. Récollets.**

relle de Dieu, l'ignominie et l'attentat commis
en la personne de son saint patron. Si bien ,
qu'il se porta une nuit à Lunas, où ayant
trouvé ledit Rolland de Faugères endormi en
son lit, ils lui coupèrent la gorge et l'ensove-
lirent dans une salle basse. Mais, se souvenant,
trois jours après, qu'une telle mort ne répon-
dait pas à ce que ses crimes énormes avaient
mérité, ils y retournèrent, une seconde fois,
afin de déterrer ce corps infâme, et lui faire
souffrir, comme s'il eût été vivant, tous les
affronts qu'il avait faits envers celui du grand
St-Fulcran. Ainsi, les mêmes témoins oculaires nous ont dit que le corps infâme du susdit
Rolland de Faugères, après avoir été ignominieusement traîné par toutes les rues du susdit village de Lunas, la tête en fut détachée
et portée à Lodève sur le fer d'une pique,
d'où elle se détacha miraculeusement après
avoir bondi plus de deux cannes plus haut
en l'air, pour se précipiter avec plus d'impé-
tuosité dans le même endroit où le feu avait
autrefois été allumé, par l'ordre et commandement de cet impie, pour y être consumé le
corps de St-Fulcran... »

LA RÉPARATION DES INJURES.

III

LA RÉPARATION DES INJURES.

> Sparsi reliquias sedula corporis
> Collegit pietas, religio colit,
> Atque opprobria summis
> Ultrix pensat honoribus.
> (*Hymne de la Translation.*)
>
> **La piété recueillit avec soin quelques-uns de vos membres épars; la religion les honore et vous dédommage des outrages par les honneurs qu'elle vous rend.**

Du corps vénérable de St-Fulcran, qui avait fait la consolation et la joie de Lodève pendant six siècles, il ne restait donc qu'une faible partie,

quelques fragments achetés par les catholiques
à la boucherie où le saint fut mis en pièces.
Les recherches les plus minutieuses furent faites,
dans la rivière, pour retrouver ce qui y avait
été précipité; on n'obtint aucun heureux résul-
tat, et l'on dût se contenter de recueillir avec
respect ce qui était chez différents particuliers.
Ils s'empressèrent de rapporter à l'évêque ce riche et précieux trésor, dont, à bon droit, ils
ne se considéraient que comme les dépositaires,
et ils durent éprouver une douce émotion quand
ils purent remettre à leurs concitoyens ces débris sacrés sauvés par leur zèle de la fureur
des hérétiques.

Des informations juridiques, faites à cette
époque, et qui sont égarées, mais dont tous
les historiens du Saint attestent l'existence,
constatèrent l'authenticité de ces précieuses reliques. En voici le détail, tel que nous le trouvons dans le registre des archives des PP.
Récollets et dans la vie de St-Fulcran par Mgr
de Bousquet :

Une main, à laquelle il y a encore trois doigts
dont les ongles ne sont pas détachés.

Une petite partie de l'épaule.

Presque toute la poitrine, où l'on voit encore l'empreinte qu'avait faite la corde avec laquelle on traînait le corps dans la ville.

Une portion de la peau du ventre.

Un os de la jambe.

Quelques autres petits ossements.

Un gant de soie blanche, au bas duquel sont écrits, en soie de diverses couleurs et en lettres gothiques, les mots suivants : *præclara gloriosa mater Dei, digna flos virginitatis, virgo regina* (1).

(1) Ces belles paroles, qui prouvent la piété de St-Fulcran envers Marie, ont été fidèlement conservées par sa postérité; et quand Lodève a voulu élever le gracieux monument de la place Broussonnelle, pour perpétuer la mémoire de la promulgation du dogme de l'Immaculée Conception, elle y a gravé cette pieuse légende, qui est un de ses plus touchants souvenirs.

Nous ne résistons pas au plaisir de donner ici le texte

On plaça ces saintes reliques dans une modeste châsse de bois, qui demeura exposée,

d'un contrat signé de la main même de St-Fulcran, et qui porte donation d'un alleu à Hugon, chanoine, à la charge par lui de faire brûler une lampe ou des cierges de cire dans la chapelle de la Sainte Vierge. Une note, écrite en 1670, nous apprend que l'original sur parchemin fut remis au seigneur évêque en 1670. L'évêque le remit à son tour, au chapitre, qui le plaça dans ses archives. Il avait été trouvé, en 1668, parmi des vieux papiers, et il avait été entre les mains d'un prêtre nommé Vésian, aumônier de Mgr Plantavit de la Pauze, en 1626. Nous possédons encore ce parchemin, et ce n'a pas été sans une profonde émotion que nous avons contemplé la signature du Saint, tracée de sa propre main.

« Au nom de la sainte et indivisible Trinité, moi Fulcran par la grâce de Dieu, évêque, et le chapitre de St-Genèz, très grand martyr, donnons à toi Hugon, chanoine, notre élève, et te concédons le même alleu que tu as aujourd'hui et que tu dois conserver pendant ta vie, lequel est dans le comté de Lodève, au terroir du village des Moulières, c'est-à-dire, l'extrémité de ton domaine seigneurial, où tout ce tient à cette extrémité de domaine, et tout et intégralement les fonds et possessions telles que tu les as aujourd'hui; ainsi, nous te donnons cet alleu susdit afin que tu en fasses l'aumône que tu nous as demandée, c'est que, par ce don de ta rémunération, il devienne un alleu de l'autel de Marie sainte Mère de Dieu, construit dans l'église St-Genèz, notre

pendant quatre-vingts ans, sur le maître-autel
de la cathédrale; mais la haute réputation de

patron, pour l'amour de Notre Seigneur Jésus-Christ et de
sa Mère, comme aussi pour que cet autel soit illuminé
pendant tout le cours de l'année avec de l'huile ou de la
cire, durant la nuit, selon l'usage de celui qui tenait cet
alleu; et que celui qui le tiendra fasse, tous les ans, à
l'Assomption de la même sainte Marie Mère de Dieu, une
réception honorable aux chanoines et clercs de St-Genèz, et
que dans ton anniversaire il fasse commémoraison de nous
par des prières et par des oblations, avec les chanoines
de St-Genèz, de pain, de vin, et douze sétiers de blé. Que
cette institution ou aumône appartienne à Ansaldus, chanoine, mon parent; qu'il l'ait le premier et la tienne pour
en faire comme il est écrit ci-dessus, s'il te survit; et si tu
lui survis, choisis tel autre que tu voudras, ou deux de mes
proches qui fassent également ainsi de génération en génération, afin que l'un ou les deux accomplissent pendant tout
le temps du siècle futur, dignement et dévotement, ce qui
est ci-dessus écrit. Et afin qu'il n'appartienne à aucun évêque de recevoir aucun don du rachat de celui qui en agira
ainsi, le seigneur Fulcran, évêque, concède ceci, par le con-
seil de ses chanoines à Hugon susdit, pour l'amour de Notre Seigneur Jésus-Christ et de sa Mère, afin que le pontife Fulcran lui-même et son chapitre obtiennent du Seigneur
la récompense éternelle. Ainsi soit-il.

Fait dans la ville de Lodève, le jour de vendredi trois des
kalendes de Mai de l'an de l'incarnation de Notre Seigneur
998.

Fulcran, et les nombreux prodiges opérés par
son intercession, réclamant une châsse plus
précieuse et plus magnifique, le chapitre de
Lodève prit une décision à ce sujet, et l'on
s'occupa activement de trouver les fonds né-
cessaires.

Parmi les nombreuses aumônes que recueillit le chapitre, l'on remarqua surtout le riche
présent de très haute et très puissante dame
Marie-Félicité des Ursins, veuve du très illustre duc Henri II de Montmorency; elle fit
don d'une somme de 1500 livres, destinée à
l'acquisition de la châsse. Le dessin en fut
envoyé à Mᵉ Henri, docteur ès-médecine, de Clermont, domicilié à Paris, et ce fut par ses soins
qu'elle fut confectionnée par les orfèvres de
la capitale, en 1641 (1).

Le seigneur Fulcran et le chapitre de St-Genèz, martyr,
ont voulu que cette charte fut faite et ont demandé à la
signer.

† Fulcran, évêque. — Aranfred, archid. — Bernard, arch.
Hugon, chanoine. — Aldegerius, cha. — Bernard, cha. —
André, chanoine. — Matfredi. — Agelmarius, abbé. —
— Maresius, chanoine. — Arsaldus, prêtre qui a écrit.

(1) Nous possédons encore l'acte authentique qui constate

Cette nouvelle châsse était digne de notre
Saint ; elle portait les armes de monseigneur

la donation faite par Marie-Félicité des Ursins et la commission donnée par le chapitre de Lodève à Me Henri de
Clermont. Cet acte est écrit sur parchemin ; il est daté de
1641, signé Bessodes, notaire royal, et il est légalisé par
Froment, juge en la ville et viguerie de Lodève, et Puech,
notaire-greffier. (Voir les archives de la paroisse.)

Lodève était accoutumée aux largesses des Montmorency,
et nous avons retrouvé dans l'inventaire des anciennes archives plusieurs actes constatant les libéralités de cette noble
famille. Quand Mgr de Plantavit fit reconstruire l'église
cathédrale, il fut pieusement secondé par le duc Henri II,
et, en reconnaissance, il fit graver son écusson au-dessus de
la porte d'entrée. Mais le don de la somme élevée, fait au
chapitre par Marie-Félicité des Ursins, avait un caractère
spécial qui devait exciter une plus profonde gratitude. Il
était, croyons-nous, comme une solennelle expiation des
malheurs occasionnés à Lodève par le duc Henri II, qui
l'avait entraînée, la première, dans sa révolte. On sait, du
reste, que lorsque ce vaillant guerrier, fait prisonnier après
le combat de Castelnaudary, eut été décapité dans la cour
du Capitole de Toulouse, devant la statue d'Henri IV, son
parrain, malgré les larmes de la cour, du clergé et du peuple, ce fut un Lodévois qui transmit à la postérité le souvenir de son noble courage et de son infortune. — Histoire
du Languedoc, tome 9.

Jean Plantavit de la Pauze (1), de monseigneur Henri de Montmorency (2), de dame Félicité des Ursins, et du vénérable chapitre de Lodève (3). Malgré les plus sérieuses recherches

(1) **Plantavit de la Pauze** — écartelé au 1 et 4 d'azur à l'arche d'or flottant sur des ondes d'argent, supportant une colombe d'or onglée et becquée de gueule, et tenant en son bec un rameau d'olivier de sinople, et 2 et 3 d'argent, à 3 fleurs de lys d'or 2 et 1, avec cette devise : *in navi Noe, natus ut plus sapias* — (Voir le beau frontispice de la chronologie des évêques de Lodève, par Plantavit de la Pauze.)

(2) **Henri II de Montmorency**, — d'hermine à la croix de gueule.

(3) **Le chapitre de Lodève**, — d'azur à la croix pattée d'or.

Nous avons retrouvé ces armoiries du chapitre de Lodève dans un acte public du 7 janvier 1723, portant collation d'un bénéfice moindre, faite par messire Raymond Carbasse, chanoine, à messire Etienne-Fulcran Aubouy, prêtre de Lodève. Cet acte muni du sceau du chapitre avait été enregistré et contrôlé le 27 janvier 1723, par Barrière, commis-greffier. — Archives de la paroisse.

Tous ces détails du blason et quelques autres renseignements archéologiques nous ont été fournis par M. Louis Lugagne, membre correspondant de la société archéologique de Béziers. M. Louis Lugagne nous permettra de le remer-

il nous a été impossible d'en retrouver les plans
et la description; nous savons seulement, d'a-
près un procès-verbal d'une visite pastorale,
faite en 1659 par Mgr Roger de Harlay, qu'elle
était *faite d'argent*, *qu'elle pesait nonante et
deux marcs*, *et qu'elle était couverte d'un
dosme de bois peint dedans et dehors.* Nous
savons également que, sous le pontificat de Mgr
de Fumel, *il fut dépensé 600 livres* pour faire
renouveler ce dôme.

Les précieuses reliques furent transférées au
milieu des plus brillantes cérémonies, de l'ancienne châsse dans la nouvelle. Le peuple de
Lodève et les pèlerins de plus en plus nombreux, chaque année, purent, alors, contempler
avec orgueil et avec satisfaction les restes vénérables de leur protecteur dans ce reliquaire
digne de lui. Pendant près de deux siècles,
ces ossements sacrés y furent abrités et y
reçurent avec leurs prières l'hommage de leur
amour et de leur reconnaissance.

cier ici, non pas seulement en notre propre nom, mais encore au nom de la science des antiques, à laquelle il est
dévoué, et qui lui doit un grand nombre de bonnes et belles
découvertes.

Il existe dans les archives de la paroisse un dossier contenant les procès-verbaux de l'enquête ordonnée par M. de Guilleminet, vicaire général de monseigneur de Harlay, pour l'examen d'un miracle opéré par·le glorieux St-Fulcran, le 28 août 1666. On me saura gré de placer ici les pièces les plus importantes de cette enquête.

Monseigneur l'illustrissime et révérendissime évêque et seigneur de Lodève ou monsieur son vicaire général.

« Supplie votre promoteur que, bien que la malice des hérétiques vomisse tous les jours des blasphèmes contre Dieu et ses saints, sa bonté infinie ne laisse pas de les magnifier, même par des miracles qui seraient capables de les convertir s'ils n'estaient déjà obstinés dans leur péché. Il a pleu à sa miséricorde infinie de faire esclater combien il est admirable en ses saints par les prodiges qu'il opère tous les jours, principalement par les intercessions du glorieux St-Fulcran, duquel les saintes reliques reposent dans votre église cathédrale. Vous sçaurez donc, Monsieur, que cejourd'hui , environ sept heures du matin , une jeune fille nommée Marguerite Lassale, de la ville de Nant, en Rouergue, ayant été malade d'une grande maladie qui l'aurait privée de pouvoir parler depuis huit ou neuf mois, après avoir essayé tous les remèdes humains dont elle estait capable, sans pouvoir guérir de son mal, voyant qu'ils lui estaient inutiles, eust dévotion et feust inspirée de demander à Dieu sa guérison par les intercessions de St-Fulcran, et, pour l'accomplissement de son veu, elle serait venue cejourd'hui, vingt-huitième d'aoust dans ladite église cathédrale, et, après avoir entendu la messe et communié en icelle, elle aurait parlé à M. le curé fort distinctement avant de sortir de l'église, et ensuite à plusieurs autres personnes. Et parce que les hérétiques et autres libertins pourraient tourner les choses susdites en railleries et que la gloire de Dieu et de ses saints y souffrirait une notable diminution, vous plairra, Monsieur, ordonner que ladite Marguerite Lassale se présentera devant vous pour estre interrogée sur le fait proposé, pour après estre ordonné que telles personnes de probité que vous adviserez seront commises pour faire la vérification sui-

4

vant et conformément les réponses de ladite Lassale, et autres moyens que vous adviserez, Monsieur, et fairez bien. »

« Nous ordonnons que ladite Marguerite Lassale se présentera devant nous pour estre interrogée sur le fait proposé, le 28 d'août 1666.
» GUILLEMINET, archid. et vic. général. »

« Du mesme jour vingt-huitième aoust, a comparu pardevant monsieur Robert de Guilleminet, vicaire général de mondit seigneur de Lodève, la susdite Marguerite Lassale, et, sur les interrogations à elles faites, par ledit sieur vicaire général, a respondeu :

« Premièrement : qu'elle estait née dans la ville de Nant en Rouergue, diocèse de Vabres, de feu Honoré Lassale et Jeanne Léotarde, quand vivaient, mariés audit Nant.

« En second lieu : qu'elle estait sortie dudit Nant depuis quatre ou cinq années, et que

depuis elle avait demeurée en service une année à Autignac, une autre année à Cambous,
une autre année à Lodève, et enfin, l'année
dernière à Clermont, chez monsieur Figuière,
marchand drapier dudit Clermont, et que, estant
à son service, en alant à la fontaine elle tom-
ba et évanouist en même temps, ce que voyant,
quelques personnes charitables la firent con-
duire jusque dans la maison dudit Figuière, où
elle feust assistée et secoureue suivant qu'un
tel mal l'exigeait. Mais, que pour son malheur,
de cet accident, il lui était resté un empesche-
ment dans la langue qui l'avait privée de
pouvoir parler depuis neuf mois ou environ,
ce qui l'avait obligée de se retirer de chez ledit Figuière, n'étant pas propre à servir à
cause de ladite incommodité, pour se retirer
chez un de ses parents à Cambous, où elle a
demeuré environ six ou sept mois avec la
mesme incommodité de ne pouvoir pas parler.
Enfin, voyant que plusieurs remèdes humains
ne lui profitaient de rien, estant depuis trois
jours venue à Lodève pour voir sa sœur, qui
demeure en service chez la veuve du feu sieur
Bessodes, elle résolut de faire veü au glorieux
St-Fulcran afin que, par ses intercessions, elle

peust guérir de son infirmité, et que pour ce sujet elle fit entendre à sadite sœur qu'elle la priait de lui faire dire une messe à l'honneur dudit glorieux St-Fulcran, et qu'elle désirait communier pour cette mesme fin.

« Estant donc veneue cejourd'hui 28me dudit mois d'aoust, dans l'église cathédrale, elle aurait fait appeler messire Vernon, prêtre et curé de ladite église cathédrale, et lui aurait fait entendre qu'elle désirait se disposer à recevoir le St-Sacrement, par une bonne confession, et qu'elle avait été obligée de déclarer ses péchés par signes audit curé, ne pouvant s'expliquer autrement ; après quoi, elle se serait portée à la table de la sainte communion, et immédiatement après elle conneust qu'elle pouvait parler, et alant trouver ledit sieur Vernon, curé, qui estait encore dans ladite église cathédrale, lui aurait demandé, en parlant, si sa sœur lui avait payé la messe, et qu'elle estait guérie, et ledit sieur Vernon, curé, tout étonné lui aurait demandé d'où venait qu'elle parlait, n'ayant peu parler dans la confession qu'elle sortait de faire ; elle lui aurait respondeu que c'était la volonté de Dieu, et serait

sortie de ladite église après avoir remercié Dieu
et le glorieux St-Fulcran du grand bien qu'elle
venait de recevoir par son intercession; et que
depuis, elle parlait aussi facilement que si elle
n'eust jamais eu aucun mal dans la langue ;
ce qu'elle a asseuré estre véritable, en présence de messire Pierre de Clermont, chanoine en ladite église cathédrale; messire Guillaume Roques, hebdomadier; Guillaume Houalet
et Jean Vesian, bénéficiers majeurs en ladite
église; messire Antoine Laurans, prieur de St-
Etienne, au présent diocèse; Jean-Pierre Astanières, du lieu de St-Pons, au diocèse d'Agde ;
Raymond Formis et Pierre Rolland, habitants
dudit Lodève, et plusieurs autres personnes il-
litérées qui ne sçavent escrire; dont ledit vicaire général, a ordonné qu'il en feust retenu
acte par nous, secrétaire, soussigné avec les
susdits témoins, ce 28 aoust 1666. »

Pierre de Clermont. — Roques, hebd. — Chanoine Houalet. — Vesian. — Astanières.

Par monsieur le grand vicaire,

Lassale, secrétaire.

Ce fait remarquable est constaté par les plus
graves autorités. Les gens de l'art, qui avaient
donné des soins à Marguerite Lassale, déposè-
rent dans l'enquête pour attester la réalité de
sa maladie, et nous avons encore leur attesta-
tion signée par messire Jean Bas, docteur de
la faculté de Montpellier et médecin ordinaire de la ville de Clermont; par messire Jean-
François Cartary, chirurgien juré de ladite ville,
et par Jean Raymond Faget, apothicaire juré.
Six témoins dignes de foi déclarèrent, sous
serment, l'heureuse guérison de la protégée de
notre saint patron. (1)

60 ans après la translation des saintes reli-

(1) **Archives de la paroisse.** — Enquête faite à la requête
du sieur promoteur sur le miracle fait par le glorieux St-
Fulcran ès la personne de Marguerite Lassale, de la ville
de Nant, en Rouergue, le 28 août 1666. — Sept feuillets
de papier, signés Fornier, official; Curc, greffier.

Un des nombreux *ex voto* placés à cette époque dans la
chapelle du Saint a pu nous être conservé. Il a été retrouvé naguère. C'est une toile de moyenne dimension représentant une femme agenouillée et en prières; dans le
ciel, qui s'ouvre au dessus d'elle, on voit la vierge Marie

ques dans la nouvelle châsse — 1698 — le chapitre de Lodève, toujours plein de sollicitude pour la gloire de St-Fulcran, s'émut d'un bruit qui s'était répandu parmi le peuple. On racontait qu'à l'époque du martyre du vénérable corps, Claude de Faugères avait envoyé à sa mère, qui était catholique, la tête de Fulcran et une partie de la peau du ventre. C'était assez pour exciter la piété des chanoines. L'espoir de recouvrer un bien si précieux enflamma tous les cœurs, et l'on résolut de faire des recherches très sérieuses dans le château de Lunas. Nous possédons le manuscrit original de la requête adressée par le chapitre à l'intendant de la province, pour obtenir l'autorisation nécessaire, et le procès-verbal qui fut dressé à la suite des fouilles; en voici la teneur :

GÉNÉRALITÉ DE MONTPELLIER.

A monseigneur de Lamoignon, conseiller d'Estat, intendant en ceste province.

« Supplie humblement le syndic du chapitre

tenant son divin enfant, et le glorieux St-Fulcran qui la

cathédral de Lodève, disant que lhors des troubles de la religion arrivés en 1573, leur église ayant été pillée et démolie par les religionnaires, ils auraient enlevé partie des reliques du corps de St-Fulcran que feurent portées dans le château de Lunas par le sieur de Faugères, seigneur dudit lieu, un des chefs desdits religionnaires, ainsi que le chapitre en a été informé depuis peu, et d'autant qu'il est de son devoir de faire son possible pour tâcher de recouvrer lesdites reliques, et qu'on lui a assuré qu'elles sont dans le château de Lunas. Il a recours à vous, à ce qu'il vous plaise, Monseigneur, veu ce dont s'agist, commettre et députer le premier magistrat royal ou docteur gradué, pour, en sa présence, estre fait une exacte recherche dans tous les endroits du château de Lunas, desdites reliques, et, en cas elles s'y trouvent, permettre au chapitre de les retirer pour les remettre dans leur église, et à ces fins, enjoindre à la veuve de

supplie en faveur de cette femme. Dans le bas, il y a cette inscription parfaitement lisible :

VEV FAIT A S. FVLCRAN
. **PAR IEAN PEYROTES**, MENVSIER.
1693.

Raymond, chargée des clefs et effets du château, et autres dépositaires des clefs de les
exhiber pour ouvrir les portes, et qu'à ce faire
ils y seront contraints par corps, et permettre de faire enfoncer lesdites portes, et que,
pour l'exécution de votre ordonnance, le maire
et consul lui donneront main forte à peine de
désobéissance. »

Egla.

« Nous avons commis le R. Abbes, viguier de
Bédarieux, pour se transporter, assisté de deux
chanoines de l'église de Lodève, dans tous les
endroits dudit château de Lunas, dudit reli-
gionnaire, et en cas que lesdites reliques s'y
trouvent, permettons audit chapitre de les retirer pour les mettre dans leur église; enjoi-
gnons à cet effet à la veuve Raymond, chargée des clefs et effets dudit château, et à tous
autres dépositaires, de les représenter pour
ouvrir toutes les portes, à les faire contrain-
dre par corps, sinon permis de procéder à
l'ouverture d'icelles avec les formalités accou-
tumées, avec injonction à tous maires et consuls
de prêter main forte. »

De Lamoignon. — Approuvé : Abbes, viguier.»

« L'an mil six cent nonante-huit et le dernier
jour du mois d'avril, à nous, François Abbes,
bachelier ès-droits, viguier de Bédarieux, et
dans notre maison d'habitation dix heures de
matin;

« A comparù : MM. Jean Benoist, chanoine et
syndic du chapitre cathédral de Lodève. Lequel
nous a dit avoir obtenu ordonnance sur pied
de requête de Monseigneur de Lamoignon, conseiller d'Etat et intendant de la province, le
vingt-cinquième du courant, par laquelle il
nous commet pour nous transporter, assistés
de deux chanoines dudit chapitre, dans tous
les endroits du château de Lunas, pour être
par eux en notre présence procédé à une
exacte recherche des reliques du corps de St-
Fulcran, qui furent portées dans ledit château
de Lunas, par le sieur de Faugières, seigneur
dudit lieu, lors des troubles de la religion, que
leur église fut pillée et démolie par lesdits religionnaires, et en cas que lesdites reliques s'y
trouvent est permis au chapitre de les retirer
pour les mettre dans leur église avec injonction
à la veuve de Raymond, chargée des clefs et
effets, de les représenter pour ouvrir toutes les

portes sous les peines contenues en ladite ordonnance. Et attendu ce dessus ledit M. Benoist nous aurait requis de nous acheminer audit Lunas, aux fins susdites.

« Sur quoi, nousdit Abbes, viguier, aurions
accepté ladite commission avec honneur et
respect et offert de procéder à icelle comme il
nous est commis, et mande et à même temps
en compagnie dudit M. Benoist et de M. Alzieu,
notaire royal dudit Bédarieux, que nous avons
pris pour notre greffier d'office, nous serions
acheminés à cheval audit lieu de Lunas, en
étant arrivés nous serions allés descendre dans
la maison de la veuve de Thomas Balp, hôtesse
dudit lieu.

« Du même jour, audit lieu de Lunas, et dans
la maison de ladite veuve de Balp, hôtesse,
deux heures après-midi;

Ont comparu : noble Charles de la Treille,
chanoine dudit chapitre de Lodève, et ledit M.
Benoist, lesquels nous ont dit avoir, en vertu
de l'ordonnance dudit seigneur intendant, fait

faire commandement à la veuve dudit feu
Raymond de nous remettre les clefs dudit château de Lunas, et attendu que Françon Raymond, fille aînée de ladite veuve, est ici présente et qu'elle nous porte lesdites clefs, nous
requièrent de vouloir recevoir icelles et de
nous transporter dans tous les endroits dudit
château pour être par eux procédé en notre
présence à la recherche des reliques en ques-
tion, nous remettant à ces fins ladite requête
et ordonnance dudit seigneur intendant, endos-
sée dudit commandement étant le tout détenu.

« A monseigneur, etc., nous avons commis,
etc., l'an mil, etc.

« Ladite Françon Raymond ici présente a offert de nous remettre tout présentement, faisant
pour sadite mère, les clefs dudit château.

« Sur quoi, nousdit viguier et commissaire,
suivant ladite réquisition et offre faite par ladite
Françon Raymond de nous remettre lesdites
clefs, aurions reçu icelles et à l'instant nous
nous serions transportés, en compagnie desdits

sieurs chanoines, de ladite Raymond et de notre
greffier par nous pris d'office, audit château de
Lunas, où étant arrivés, nous aurions ouvert
toutes les chambres et membres dudit château,
dans lesquels lesdits sieurs chanoines auraient
fait une exacte recherche desdites reliques sans
en avoir pu trouver aucunes.

« Et parce qu'en faisant lesdites recherches
nous aurions trouvé, dans un desdits membres
dudit château, un coffre fermé à clef, auquel
le scellé était apposé ; ladite Françon Raymond
nous ayant dit que ledit coffre n'avait pas été
ouvert depuis quelques années parce qu'on
avait perdu la clef, ce qui avait obligé le
commissaire qui avait procédé à l'inventaire
des effets dudit château d'y apposer le scellé;
de quoi lesdits sieurs chanoines nous auraient
requis de charger notre présent procès-verbal.

« A suite de quoi nous aurions rendu lesdites
clefs dudit château à ladite Françon Raymond,
qui les aurait retirées après en avoir fermé
toutes les portes et nous serions retirés.

« Et en autres actes nous n'avons procédé et

nous sommes soussignés avec notredit greffier
d'office.

Abbes, viguier et commissaire.

Du mandement dudit sieur commissaire,

Alzieu, signé.

La piété des chanoines de Lodève n'eut pas,
comme on le voit, la douce satisfaction de
retrouver le cher trésor qui avait excité son
espérance, et le ciel ne permit pas que de si
précieuses reliques fussent rendues à l'amour
de la postérité du grand Saint, mais les procès-
verbaux que nous venons de transcrire n'en
demeureront pas moins toujours comme une
preuve éclatante du zèle que le clergé mettait
à recueillir précieusement tout ce qui pouvait
rester du corps sacré de Fulcran, le protecteur
de la cité.

Hâtons-nous de le dire, les spoliateurs sa-
crilèges de la révolution ne purent rien contre notre trésor. Les temps malheureux de
notre histoire, qui portent comme un stigmate

indélébile le nom hideux de la terreur, furent
cruels à Lodève aussi, et ils lui occasionnè-
rent de sanglantes inquiétudes; mais les reliques de notre Saint échappèrent aux outrages
des bourreaux. Ils avaient fouillé les tombes
épiscopales et ils avaient jeté aux vents les
cendres de nos augustes pontifes; ils avaient
brisé les autels, spolié les églises, déshonoré
nos sanctuaires en les faisant servir au culte
de la Raison, puis en les transformant en ma-
gasins de fourrages; ils avaient poursuivi, avec
l'acharnement de la fureur, le sacerdoce Lodévois, malgré ses vertus, ses lumières et ses
bienfaits; et, sans respect pour ces nobles hommes, sans reconnaissance pour les services rendus, ils avaient traîné ces saintes victimes
sur l'échafaud, dans les exils, dans les pri-
sons (1); mais, quand ils voulurent porter la
main sur les reliques aimées de Fulcran, il
se trouva que le ciel les avait dérobées à leurs

(1) Nous pourrions donner les détails de ces lamentables
sacriléges et de ces indignes spoliations, dont nous avons
retrouvé les documents authentiques; nous préférons les
réserver pour une publication sur l'*Histoire religieuse de
Lodève pendant la révolution*, que nous offrirons prochai-
nement au public. Mais nous ne voulons pas nous priver

sataniques projets. Quelques fervents catholiques étaient venus secrètement, pendant la
nuit, s'emparer des précieux ossements, et ils
leurs donnèrent, à leur foyer, une religieuse
hospitalité. Seule, la belle châsse d'argent de-

du bonheur de placer ici la liste des saints confesseurs de
la foi, qui souffrirent l'exil et la réclusion. Toutefois, nous
ne fairons pas connaître les noms de leurs persécuteurs; ces
prêtres magnanimes leur pardonnèrent, et nous, qui sommes
de leur postérité, nous les imiterons dans leur généreux et
héroïque oubli.

Prêtres sujets à la déportation.

Jean-Pierre-Fulcran BEAUPILLIER. — Luc-Firmin
Fulcran FABRE. — Antoine-Joachim RIGAL. — Jean-
Pierre CAZILHAC. — Jean-Joseph PÉRIER. — Fulcran
BROUILLET. — Joseph LAGARE. — Etienne-Fulcran
ARRAZAT. — Jacques-Joseph LABRANCHE. — Antoi-
ne-François-Martin BLAQUIÈRE. — Louis LAVIT. —
Fulcran LAGARE.

Prêtres sujets à la réclusion.

Hilaire AZÉMAR. — Jean BOURGUY. — Guillaume
ROUQUET. — Jean-Benoît LAGARE. — Guillaume
DELBOUY. — Jean-Antoine MONZIOLS. — Jean-Antoine
VERNIER. — Barthélemy ARRAZAT. — Noël RIGAUD.
— Joseph CROUZET. — Jean GÉRAUD.

(*Délibération municipale du 2 Vendémiaire, an 6.* —
Archives de la mairie.)

vint la proie des révolutionnaires, réduits ainsi
à une rage impuissante.

AUTHENTICITÉ DES RELIQUES.

IV

AUTHENTICITÉ DES RELIQUES.

> Corpus ejus.... quamvis hæreticorum furore, impie discerptum sit et projectum, illius tamen partes aliquæ illorum manibus ereptæ, incorruptæ perseverant et Lodovæ asservantur.
>
> Quoique le corps de Fulcran eût été détruit et dispersé par la fureur des hérétiques, on put en arracher quelques parties à leurs mains sacriléges, et, toujours à l'abri de la corruption, elles sont précieusement conservées à Lodève.
>
> (*Légende du Bréviaire.*)

Quand la providence de Dieu eut ramené le calme au sein de l'Eglise de France si tourmentée par la tempête révolutionnaire, Lodève

se trouva veuve de ses pontifes ; son siége
épiscopal, dont la fondation remontait aux pre-
miers siècles du christianisme , venait d'être
emporté par l'orage, et Monseigneur Henri de
Fumel (1), en descendant dans le tombeau,
que notre saint patron avait lui-même béni,
avait clos cette série d'immortels évêques qui
avaient gouverné le peuple de St-Flour , de
St-Amans, de St-Georges et de St-Fulcran.

L'église de Lodève, après le concordat, re-
leva du siége de Montpellier ; Monseigneur
Simon Rollet recueillit un si bel héritage ; il
visita notre cité en 1805 , et c'est lui qui fit
rapporter dans l'antique cathédrale les reliques
de St-Fulcran, après qu'il en eut fait la re-
cognition solennelle. A sa voix, ces ossements

---

(1) Jean-Félix-Henri de Fumel fut évêque de Lodève
de 1750 à 1791. Son nom, devenu populaire, rappelle les
plus beaux souvenirs de la vertu, du talent, de l'affabilité.
Sa mémoire est sacrée pour le peuple de Lodève , et ses
nombreux bienfaits lui ont mérité la vénération publique.
Le ciel lui épargna les douleurs de la grande révolution.
Son souvenir est gravé dans tous les cœurs, mais notre cité
lui doit encore une preuve éclatante de son amour ; espérons qu'elle ne voudra pas la retarder plus longtemps.

vénérables furent rendus aux honneurs du
culte public; par les soins d'un prêtre pieux (1),
dont le souvenir ne s'est point effacé de la
mémoire reconnaissante des Lodévois, une enquête fut ouverte, et il fut facile de constater que notre précieux trésor avait été rendu
à peu près tout entier.

Les procès-verbaux de cette enquête exis-
tent encore et nous allons les transcrire ici;
il faut bien que la postérité connaisse, autant
qu'il est en nous, les noms des hommes généreux et dévoués qui nous gardèrent ces nobles débris.

Nous avons déjà indiqué les parties du saint
corps qu'il fut possible de recueillir après les
sacriléges excès des hérétiques, en 1573; nous
avons dit que l'on retrouva : une main à laquelle il y a encore trois doigts dont les ongles ne sont pas détachés, — une partie de
l'épaule, — presque toute la poitrine où l'on
voit encore l'empreinte de la corde, — une

(1) Etienne-Fulcran Arrazat, plus connu sous le nom
de père Etienne. Sa mémoire est en vénération à Lodève.

partie de la peau du ventre, — un os de la
jambe, — quelques autres petits ossements
(au nombre de onze), — un gant de soie
blanche.

Quand la grande révolution éclata, et que
le mépris de la religion, de la morale et de
l'ordre social eut remplacé les vieilles traditions de nos pères, quelques habitants de Lodève, prévoyant les excès des nouveaux gou-
vernants, s'introduisirent dans l'église pendant
la nuit et s'emparèrent des saintes reliques;
une partie fut abritée au foyer de familles hos-
pitalières, l'autre fut conservée dans la chapelle des pénitents-bleus; et il ne fallut rien
moins que la menace d'excommunication lancée
par Mgr Simon Rollet, contre les dépositaires
qui refuseraient de restituer le pieux trésor,
pour les engager à rapporter ces chères et
saintes dépouilles. Tous les fragments furent
donc religieusement rendus; non pas cependant dans toute leur intégrité; car, soit par
tolérance, soit par une pieuse fraude, quelques
particules assez fortes demeurèrent chez plusieurs particuliers. Mais on peut affirmer har-
diment que ce que l'on vénère c'est bien le

dépôt sacré que nous transmirent nos ancêtres.

Voici les procès-verbaux qui constatent l'authenticité et la remise de l'os de la jambe, de la poitrine avec l'empreinte de la corde, et des onze fragments :

« L'an mil sept cent quatre-vingt-dix-sept et le onzième jour du mois de février, par-devant nous prêtre délégué pour le diocèse de Lodève, en l'absence de Messieurs les vicaires généraux du vénérable chapitre, par le vicaire apostolique, envoyé dans la province ecclésiastique de Narbonne, s'est présenté Jean-Louis Journaud, qui nous a dit être dépositaire d'un fragment de l'os de la jambe de St-Fulcran, patron de ce diocèse, qu'il nous a assuré avoir vu lui-même dans la châsse il y a environ neuf ans, fragment qu'il a reçu de celui qui avait extrait les saintes reliques de la châsse. Laquelle déclaration il a faite devant nous, les quatre témoins soussignés. Il nous a dit en outre être dans le dessein de conserver dans sa maison d'habitation et dans un lieu décent les susdites saintes reliques, enfermées dans une châsse de carton double de dix-sept pouces de hauteur, treize de large et quatorze de profondeur, ornée de perles de différentes couleurs; dans l'intérieur, boutons à brillants. Les saintes reliques posées dans le bas sur un coussinet de taffetas couleur de rose rembourré du coton qui était dans la châsse, entouré d'une petite dentelle en papier, au-dessus de laquelle est une frange en argent, le tout supporté par un piédestal de porcelaine. Le sieur Journaud a promis de remettre les susdites reliques à la cathédrale dudit Lodève, lorsque le service s'y fera par des prêtres catholiques en communion avec Notre Saint Père le Pape et les évêques catholiques de France.

» Fait et récité à Lodève, en présence de messieurs Bernard-Raymond Rescol, Guillaume Pougnet, Guillaume Cavalier et Louis Beaupillier, tous habitants de Lodève, signés avec le sieur Journaud et nous, prêtre délégué.

» Journaud, — Rescol, — Pougnet fils, — Cavalié, — L. Beaupillier aîné, — Monziols, prêtre délégué; — Barthélemy Vaillé, secrétaire, signés. »

« Le jour et an que dessus, s'est présenté Barthélemy Vaillé, secrétaire soussigné, qui nous a dit avoir reçu d'Antoine Bousquet, faiseur de peignes pour les métiers de tisserands; de Marguerite Nougaret, femme de Pierre Barascut, commissionnaire, et de l'épouse d'Antoine Affre, quatre fragments de chair et de la peau de la poitrine de St-Fulcran, sur l'un desquels, de la longueur de trois pouces et d'un pouce et demi de large, se voit l'empreinte de la corde avec laquelle fut traîné le saint corps. Il a été remis en outre deux fragments d'os, un de la longueur de quatre pouces huit lignes et de onze lignes d'épaisseur, l'autre de trois pouces six lignes de longueur sur six lignes d'épaisseur, celui-ci écaillé. Lesquelles saintes reliques Augustin Caisso atteste avoir vu chez le dépositaire.

» Lesquels ont assuré les avoir reçues de celui qui les tira de la châsse dans des temps plus malheureux. Les susdites reliques ont été déposées dans l'église des pénitents-bleus de cette ville, dans une petite boîte bois sapin, ovale, de la longueur de six pouces et de trois pouces neuf lignes de largeur, de deux pouces sept lignes de profondeur, garnie en dedans, le fond en velours cramoisi et le tour en taffetas même couleur, le dehors couvert d'un papier doré, fermée par un verre. Les propriétaires de la susdite église ont promis de remettre les susdites reliques à la cathédrale de Lodève, lorsque le service s'y fera par des prêtres catholiques, en communion avec notre St-Père le Pape et les évêques catholiques de France. Fait provisoirement et récité, à Lodève, les jour et an que dessus, en présence d'Augustin Caisso, Bernard-Raymond Rescol, Guillaume Pougnet, Guillaume Cavalié, Louis Beaupillier, Jean Beaupillier et Jean-Louis Journaud, tous habitants de Lodève, signés avec nous, prêtres délégués, et le secrétaire.

« Barthélemy Vaillé, — Augustin Caisso, — Pougnet fils, — Rescol, — Louis Beaupillier aîné, — Cavalié, — Jean Beaupillier, — Journaud, — Monziols, prêtre délégué; — Arrazat, prêtre délégué; — Barthélemy Vaillé, secrétaire, signés.

« Vu et approuvé, à Lodève, ce 13 octobre 1805.

« † J.-L. Sim., év. de Montpellier.

« Lavit, curé de Lodève, archiprêtre. »

« Nous, soussigné, prêtre délégué par Mgr l'évêque de Montpellier, avons reçu deux fragments des reliques de St-Fulcran, dont l'un grand et l'autre petit, du sieur Vigourel, traiteur, qui a déclaré les avoir reçus, dans un temps bien critique, du sieur Jean Seyvon, serrurier, qui a déclaré aussi lui-même les avoir tirées de l'ancienne châsse du Saint. Ces deux déclarations ont été faites en présence de Joseph Poitevin, ancien cordonnier, et de Pierre Limayrac, tailleur; témoins dignes de foi, lesquels ont signé avec lesdits sieurs Vigourel, Seyvon et nous.

« A Lodève, le 10 octobre 1805.

Vigourel aîné, — Jean Seyvon, — Poitevin, — Limayrac, — Arrazat, prêtre délégué, vicaire de St-Fulcran. »

« L'an que dessus et le douze octobre, nous, soussigné, prêtre délégué par Mgr l'évêque de Montpellier, avons reçu quatre petits fragments des mêmes reliques de St-Fulcran, dont ci-dessus, deux de madame Captier veuve née Fabre, et les deux autres de madame Labranche aussi veuve née Calvet, lesquels fragments ledit sieur Jean Seyvon, serrurier, dont il est parlé dans le précédent verbal, a déclaré avoir tirés lui-même de la même châsse que les précédents, en présence de trois témoins dignes de foi, savoir : le sieur Jean-Louis Journaud, commis du fisc; de Joseph Poitevin, ancien cordonnier, et de Pierre Limayrac, tailleur, qui ont signé avec les deux susdites dames, Seyvon et nous.

» Journaud, — Veuve Captier, — Labranche née Calvet, — Poitevin, — Jean Seyvon, — Limayrac, — Arrazat, prêtre délégué, vicaire de St-Fulcran.

» Vu et approuvé à Lodève, ce 13 octobre 1805.

» † J-L. Sim., évêque de Montpellier. »

La main du Saint ne se trouve pas mentionnée dans les procès-verbaux, mais plusieurs témoins graves et dignes de foi ont constaté son identité; elle avait été déposée chez une fervente chrétienne, Madame Fabreguettes, dont le fils était, à l'époque du pillage des églises, revêtu de fonctions importantes. En la remettant au père Etienne, en 1804, cette dame coupa un nerf de cette main et le conserva longtemps avec le plus grand respect. Quelques années avant sa mort, elle donna la moitié de ce nerf à M. Hippolyte Beaupillier et l'autre moitié à l'abbé Ribayrolles, curé de la paroisse St-Pierre.

Nous n'avons pas non plus des procès-verbaux pour constater l'identité de la partie de l'épaule, de la peau du ventre et du gant, mais nous les trouvons mentionnés dans l'authentique signé de Mgr Rollet, et assurément on n'aurait pas placé ces fragments au nombre des reliques véritables si l'on n'avait eu des preuves certaines, à cette époque, alors qu'il était si facile de se les procurer. N'oublions pas qu'un très grand nombre de Lodévois avait pu contempler les saintes reliques avant la révolution

et qu'il n'y eut rien de plus aisé, par consé-
quent, que de faire certifier cette identité.

On fit confectionner une châsse en bois doré
— la pauvreté de l'église si indignement spo-
liée pendant la révolution ne permettant pas
de faire davantage — et l'on y plaça les saintes
reliques avec l'authentique suivant :

« L'an mil huit cent cinq et le 13 octobre,
Mgr Jean-Louis-Simon Rollet, évêque de Montpellier, faisant sa visite pastorale à Lodève, a
placé dans la châsse actuelle des reliques de
St-Fulcran, à côté de la main, de quelques os
et du gant du Saint, qu'il y a trouvés, onze
fragments de différente grandeur des mêmes
saintes reliques, qui ont été restitués et qui
avaient été enlevés dans un temps orageux,
après en avoir reconnu et constaté l'authenticité
sur les originaux déposés par son ordre dans
les archives de St-Fulcran, en présence de M.
Lavit, curé de la paroisse; Martin, Arrazat, Reveillon, vicaires ; de tout le reste du clergé et
de tout le peuple assistant à la cérémonie; les-

quels susdits Messieurs ont signé, avec Monseigneur, le présent verbal mis dans la châsse.

« Vu et approuvé à Lodève, ce 13 octobre 1805.

« † J.-L. Sim., év. de Montpellier (1).

« Lavit, curé de Lodève; Martin, vicaire; Arrazat, vicaire; Reveillon, vicaire. »

Trois ans après, en 1808, sous l'épiscopat de Mgr Marie-Nicolas Fournier, Lodève voulut placer son trésor dans une nouvelle châsse digne de la vénération qu'elle avait pour son illustre protecteur. Un appel fut fait à la piété et à la libéralité des fidèles, et en peu de jours une somme considérable fut remise au clergé de la paroisse.

Nous possédons la liste de souscription (2)

(1) Cet authentique est écrit sur une petite feuille de papier insérée dans une enveloppe de fort parchemin. — Archives de la paroisse.

(2) Archives de la paroisse.

et les noms des bienfaiteurs généreux qui vou
lurent contribuer à cette belle œuvre. Nou
avons remarqué, dans cette liste, une heureus
confusion de toutes les classes de la société
l'offrande des pauvres s'y trouve à côté d
l'offrande des riches; les servantes figuren
auprès de leurs maîtres; il y en a même qu
donnèrent leurs bijoux. Du haut du ciel, l
saint évêque dut jeter un regard d'orgueil su
sa postérité, qui savait s'imposer des sacrifice
pour accroître l'honneur et la splendeur de so
culte.

Les dons des fidèles s'élevèrent à la somm
de 6000 francs. On la consacra à la confectio
de la belle châsse d'argent qui renferme encore aujourd'hui les reliques du Saint. U
artiste distingué en fut chargé; il mit tou
son talent à ce travail, qui est un magnifiqu
objet d'art.

Cette châsse, faite entièrement d'argent, es
de forme ovale et d'une riche ornementation.
Sur la face de devant, et au milieu, entre
de charmantes colonnettes, se trouve une sta-

tuette en relief représentant St-Fulcran en or
nements pontificaux et la main droite élevée
pour bénir son peuple. A droite, deux anges
adorent le Sacré-Cœur de Jésus (1), à gauche
est représentée la Vierge du Rosaire (2) avec
Saint-Dominique à ses pieds. Sur la face de
derrière, au milieu, l'artiste a placé St-Geniez,
l'ancien patron de la cathédrale; à droite,
St-Flour, premier évêque de Lodève, selon
une pieuse légende qui sera toujours chère
à nos cœurs; à gauche, Saint-Roch, dont la
mémoire est précieuse à notre église, qui se
glorifie de l'avoir enfanté à la sainteté. Le
couvercle de la châsse, surmonté de la croix,
est orné de riches guirlandes.

Le 14 mai 1829, Mgr Fournier posa le sceau
de ses armes sur la glace de l'intérieur de la

(1) Il y a à Lodève une grande dévotion au Sacré-Cœur
de Jésus; Mgr de Fumel la propagea dans son diocèse avec
toute l'ardeur de sa belle âme.

(2) La chapelle de Notre-Dame, dans la cathédrale,
sous le vocable du Rosaire.

châsse, (1) et le 17 octobre 1836, dans sa pr
mière visite pastorale, Mgr Charles-Thom
Thibault, faisant la vérification solennelle d
saintes reliques, rompit les sceaux en présen
du clergé de la paroisse, enleva les auther
ques qu'il fit placer dans les archives et sce
de nouveau la glace en deux endroits. (2)

(1) Le 14 Mai 1825, Monseigneur Marie-Nicolas Fourni
évêque de Montpellier, dans le cours de sa visite pastora
a fait sceller et apposer le sceau de ses armes en deux di
rents endroits, au moyen d'un cordon en soie couleur c
drée et de la cire dite d'Espagne, sur la glace de l'intéri
de la châsse en argent renfermant les précieuses reliq
de Saint Fulcran avec les authentiques. Les présentes
été signées par monseigneur et contre-signées par M. Culli
pro-secrétaire.

    ✝ Marie-Nicolas, évêque de Montpellier.

       Cullier, curé de St-Denis, pro-secrétaire.
(Archives de la paroisse).

(2) Le dix-sept octobre mil huit cent trente-six, Mons
gneur Charles-Thomas Thibault, évêque de Montpellier, d
le cours de sa visite pastorale à Lodève, en vérifiant
châsse renfermant les précieuses reliques de Saint-Fulcr
dont la glace de l'intérieur avait été scellée en deux dif
rents endroits par Mgr Fournier, son prédécesseur, a romp
en présence du clergé de St-Fulcran, les sceaux, a ret
et lu les authentiques, et a ordonné qu'ils seraient dés

Il y a encore une petite relique de Saint-
ulcran dans le reliquaire placé au grand
utel du chœur, du côté droit, dans le gradin.
ette relique y fut déposée par Mgr Félix-Henri
e Fumel, le 24 novembre 1760, jour de la
onsécration de cet autel. Enlevée à la révo-
ition, elle fut rendue en 1805, et Mgr Simon
ollet la reconnut, l'approuva et signa le
rocès-verbal (1). En 1835, M. Hippolyte Beau-
illier en fit faire la reconnaissance et il la
uit dans une belle boîte d'argent.

ais placés dans les archives de la paroisse. Cela fait, Mon-
igneur a scellé les glaces de l'intérieur de ladite châsse,
à deux divers endroits, au moyen d'un cordon en soie
uge, de la cire dite d'Espagne, et du sceau de ses armes.
† Charles, évêque de Montpellier. — Beaupillier, curé.
— Hippolyte Beaupillier, vicaire. — J. Satger, vicaire. —
, Auguste, vicaire. — A. Lazaire. — Clainchard, notaire.
(Archives de la paroisse).

(1) L'an mil huit cent cinq et le treize octobre, ce petit
agment des reliques de St-Fulcran, évêque de Lodève, a
é placé dans cette niche par ordre de Mgr Jean-Louis-
imon Rollet, évêque de Montpellier, dans son cours de
site, après en avoir reconnu l'authenticité, dont l'original
gné par Mgr l'évêque a été déposé dans les archives de
t-Fulcran. Le présent, signé par Lavit, curé; Martin,
rrazat et Reveillon, vicaires, avec Monseigneur.

Il existe quelques autres fragments du corps de St-Fulcran en divers endroits de l'ancien diocèse de Lodève, et quelques habitants de notre ville en possèdent des particules assez considérables. Il ne sera pas inutile d'en donner ici, en peu de mots, l'historique.

Relique de St-Félix-de-Lodez. — Il y a à St-Félix-de-Lodez une partie de côte couverte de peau. Cette relique est dans cette paroisse depuis plusieurs siècles, mais il ne nous est pas possible de fixer l'époque précise de la donation qui lui en fut faite. Nous pensons qu'elle fut apportée à St-Félix, après la prise de la ville et la destruction du saint corps par les hérétiques, par un de ces fervents catholiques dont la piété sauvegarda notre trésor d'une ruine complète. En 1649, Mgr François de Bousquet, évêque de Lodève, faisant sa viite pastorale à St-Félix, en consacra l'exisence, et voici ce que nous lisons dans le

Vu et approuvé à Lodève, ce treize octobre mil huit cent cinq.

† J.-L. Simon, évêque de Montpellier. — Lavit, curé de Lodève, archiprêtre. — Martin, vicaire. — Arrazat, vicaire. — Reveillon, vicaire. (Archives de la paroisse).

procès-verbal dressé à la suite de la visite :

« Un reliquaire d'argent, façonné, avec un crucifix au-dessus. Dans le susdit reliquaire, avons trouvé une partye de coste couverte de peau de St-Fulcran, que nous avons reconnüe et avons mis dans ledit reliquaire un acte de recognaissance desdites reliques escript et signé de nostre main. (1) »

Mgr Roger de Harlay, évêque de Lodève, dans sa visite pastorale faite à St-Félix, le 13 juin 1659, reconnut la sainte relique, et nous trouvons les lignes suivantes dans le procès-verbal :

« Un reliquaire d'argent, façonné, avec un crucifix au-dessus, dans lequel il y a une coste de St-Fulcran, avec la peau, vérifiée par notre prédécesseur, comme il appert par l'écriteau signé de sa main. (2) »

Le 14 octobre 1740, Mgr de Souillac, évêque de Lodève, constate, à St-Félix, qu'il y a par-

(1) Procès-verbaux des visites pastorales de Mgr de Bousquet. — Archives de l'hôpital.

(2) Procès-verbaux des visites pastorales de Mgr Roger de Harlay. — Archives de l'hôpital.

mi les reliques : « une coste de St-Fulcran
enfermée dans une espèce de ciboire d'argent.
Nous n'avons vu , ajoute-t-il, ni les titres, ni
les approbations de cette relique. (1) »

St-Félix-de-Lodez a soigneusement conservé
ce précieux débris, qui y est exposé encore
aujourd'hui à la vénération publique.

Relique de Mourèze. — L'origine de la pos-
session de cette relique par la paroisse de
Mourèze ne nous est point connue.

En 1649, Mgr de Bousquet constatait la
présence dans l'église dudit Mourèze de plusieurs
reliques et notamment « *de la peau de Saint
Fulcran.* » Ces reliques étaient renfermées dans
une croix de bois. (2)

Relique de Nébian. — Cette relique ne fut
apportée à Nébian qu'après la révolution ; un

(1) **Archives de la paroisse.**

(2) **Archives de l'hôpital.**

des plus vénérables ecclésiastiques de Lodève (1), alors curé de cette paroisse, la fit
reconnaître et approuver par Mgr Marie-Nicolas
Fournier. Elle avait été donnée par un de
ceux qui sauvèrent les chères dépouilles de
St-Fulcran de la fureur des révolutionnaires.

Plusieurs familles de Lodève prétendent posséder des reliques de St-Fulcran, et les fragments qu'elles croient appartenir au saint corps
de notre pontife sont entourés d'honneur et sont
l'objet d'un culte privé. Si l'on ajoutait foi à
leurs assertions, quelques-uns de ces fragments seraient au sein de ces familles depuis
le 16e siècle; d'autres ne leur auraient été
donnés qu'à l'époque de la grande révolution.
Du reste, ces vénérables débris ont toujours
reçu dans ces familles des témoignages de
respect et de confiance, et ils sont considérés

(1) M. l'abbé A. Lazaire, aumônier de la Miséricorde. —
Ce noble et saint vieillard, l'un des doyens des prêtres du
diocèse, est né en 1782. Enfant de la cité, il a gardé fidèlement dans son cœur et dans son esprit le souvenir des
traditions anciennes de Lodève, et il est au milieu de nous
un vivant témoignage du zèle et de la piété du vieux
clergé Lodévois.

comme un trésor, comme un héritage précieux qui se transmet de génération en génération. Il n'est pas possible, on le comprend, de retrouver pour toutes les preuves d'authenticité, et, tout en laissant dans leur bonne foi les possesseurs de ces reliques — nous nous garderions bien d'ébranler leur pieux et touchant amour — nous ne devons regarder comme vraiment dignes d'être honorées que celles dont il nous a été donné de constater l'identité.

Seyvon Joseph possède un fragment de six centimètres de longueur sur quatre centimètres de largeur. — On sait que ce fut l'oncle de cet honorable habitant de Lodève qui s'introduisit secrètement dans l'église cathédrale, pendant la nuit, pour enlever les saintes reliques et les soustraire ainsi à la fureur des méchants. Cet acte de zèle religieux méritait une récompense; aussi, quand on réintégra les chères dépouilles dans la châsse de bois, en 805, Seyvon put garder ce souvenir sacré. — e fragment qui lui fut laissé et qui est demeuré dans sa famille était considérable; il t partagé en deux, il y a quelques années; l'abbé Seyvon, curé-archiprêtre d'Agde, en

ossède une partie ; Seyvon Joseph possède
'autre ; elle est placée dans un reliquaire en
argent de forme ovale, et elle a été authentiquée
par Monsieur l'abbé Raynaud, vicaire général
de Monseigneur Thibault.

M. l'abbé Lazaire conserve précieusement
leux fragments du saint corps. Le premier
·agment lui vient d'un pieux habitant de Lo-
ève, mort depuis plusieurs années, mais dont
peaucoup de personnes se souviennent, encore;
il s'appelait Jean Commeigne. Ce fragment, ap-
porté dans sa famille à l'époque de la révolution, était placé dans un modeste reliquaire
de carton qui existe encore; une petite lampe
brûlait continuellement devant la sainte relique, et Dieu voulut récompenser la foi et la
piété de cette famille en faisant éprouver à
Jean Commeigne les heureux effets de la pro-
tection de Saint-Fulcran. Jean Commeigne, at-
teint d'une cruelle maladie à l'âge de 12 ans
à peu près, était demeuré perclus de tout le
corps; ce n'était qu'au prix de violents et douloureux efforts qu'il parvenait à faire quelque
mouvement. Un jour, qu'il était étendu sur
son grabat, délaissé de sa ~˙   ˙˷ᴅᵢᵣ

position empêchait de lui donner les soins habituels, Jean eut l'heureuse pensée d'avoir recours au grand protecteur de Lodève, et étant parvenu à grand'peine à tremper ses doigts dans l'huile de la petite lampe, qui brûlait près de son lit devant la sainte relique, il frotta son corps avec cette huile, et aussitôt il se leva sans aucun secours; toute souffrance avait disparu.

Le second fragment lui vient de M. l'abbé Belliol, prêtre de Lodève, mort depuis un assez grand nombre d'années. Cet ecclésiastique avait lui-même pris cette relique dans le reliquaire qui était placé sur le maître-autel; il la renferma dans une petite boîte de bois, portant cette inscription : *Cette boîte contient des vraies reliques de St-Fulcran, patron de Lodève, 1790.* La relique était entourée d'un petit papier portant ces mots écrits de la main de M. Belliol :

Fidem facio veras esse reliquias S.-Fulcranni, episcopi Lodovensis, die 29 junii 1790.

BELLIOL,
presbyter et beneficiarius ecclesiæ cathedralis Lodovensis.

Les saintes reliques que nous avons le bonheur de posséder encore sont bien, comme on le voit, les restes sacrés de notre illustre et bien-aimé pontife. Voilà bientôt mille ans qu'il rendit sa belle âme à Dieu, et dans ce long espace de temps, au milieu des plus rudes épreuves, sa chère dépouille n'a pas cessé un seul instant d'exciter l'amour et la reconnaissance de nos pères. S'il se trouva de misérables profanateurs pour porter une main sacrilége sur le corps de Fulcran, il y eut aussi, au sein de sa postérité, des hommes généreux dont le zèle et la piété réparèrent ces injures; ils n'ont pu nous conserver, il est vrai, que quelques débris, mais ces débris, entourés d'honneur, demeureront notre tresor et notre sauvegarde. Bien des prières, bien des vœux ont été adressés à ces restes vénérables par les générations qui ne sont plus, et les générations à venir, héritières de notre vénération et de notre confiance, les invoqueront pieusement elles aussi.

Nobles débris, chères et saintes reliques, nous vous aimerons toujours ; quand nos regards émus s'arrêtent sur les traces de la corde par laquelle on vous traîna dans les rues de la ville, une indéfinissable émotion s'empare de nos âmes. Ah! les méchants vous outragèrent beaucoup, mais aujourd'hui, autour de vous, restes sacrés, il n'y a plus que des cœurs fidèles; et si jamais de nouvelles fureurs s'acharnaient contre vous, si l'on voulait essayer encore de vous ravir à notre piété, nous trouverions dans notre amour le courage de vous défendre, et nous jurons qu'on n'y parviendra plus, jamais.

FIN.

www.ingramcontent.com/pod-product-compliance
Lightning Source LLC
Chambersburg PA
CBHW052147090426
42741CB00010B/2171